大原千鶴の酒肴になる「おとな鍋」

大原千鶴

世界文化社

目次

第四章

第五章

材料表に出てくる大さじ1は15mℓ、小さじ1は5mℓです。
電子レンジは６００Ｗのものを使用しています。
バターは有塩、塩は自然塩を使っています。

◎鍋あとの分量はあくまでも目安です。もし、鍋あとまで楽しみたい場合は、元の分量を多めに作るとよいでしょう。

◎調味料はどこのメーカーのどんなブランドを使うかよりも、新鮮で風味のあるものを使うようにし、保存はできれば冷蔵庫で。

◎レシピは絶対ではなく、基準としてください。

◎おいしいと思う味や好きな味を作りながら見つけられるのも土鍋ならでは。「自分の味」を育てるいい相棒になってくれます。

「おとな鍋」になった訳

――大原千鶴

秋になるとなんだか湯気のものが恋しくなりますね。

私は京都のものすごい山中で育ったので、晩秋に学校から四キロの道のりを歩いて家に帰り着く頃には日が落ちる寸前でした。だんだん暗くなる中、クマが出るんじゃないかと怯えながら足早に歩くうちに、暮れなずむ道の向こうにオレンジ色の暖かな我が家の明かりがやっと見え、台所の窓からふんわりと美味しそうな香りとともに湯気が上がっているのを見ると本当にホッとしました。

家に入れば入ったで、その頃はまだおくどさんがありましたから、ご飯を炊くいい匂いや、おかずを煮ている鍋からモウモウと立ち上る湯気で台所中がいっぱいでした。三世代同居な上にお店の従業員の方もいましたから毎日賑やかで活気にあふれておりました。

鍋物をするとなるとテーブルに大きな土鍋がふた鍋。どん！と、置かれてみんなでワイワイと食べたものです。白菜をザクザク切って、ポン酢も一升瓶（笑）。決しておしゃれではないけれど、みんなでお鍋を囲む時間はそのお味以上の幸せをもたらしてくれたように思います。楽しかったそんな食体験が今の私を支えてくれているといつも思います。

大人になって、家族や友人と囲むお鍋も然り。簡単なものなのにお鍋を囲むとみんなが一つになる気がします。銘々こだわりがあり、自然と役割もできて、鍋奉行が必ずいるのも面白かったです。その頃は家の座敷に大勢の友人を招いてよく鍋パーティをやりましたね～。

子供が大きくなって徐々に家族の形も生活も変わり、昔よく使った大きな土鍋

は最近ではあまり登場しなくなりました。

その代わりにお鉢程度の小さな土鍋をいろいろ駆使して日々楽しんでいるうちに、「あぁ、こんな土鍋の使い方もあるなぁ」「普通のものでも煮ながら食べるって素敵」「このお焦げがおいしいねん」と思いつくことがつぎからつぎへ。

ということでこのような土鍋の本を書くことになりました。

小さな土鍋でお酒も大好きな私が作る鍋は当然のように酒肴型。

お酒を召し上がる方は、チビチビといろんなものをいろんな組み合わせで食べたいものですよね。薬味もいろいろ取り混ぜて、新しい味を発見したり、お酒とのマリアージュに感激したり。そんな私の独断的観点からこんな自由奔放な大人のための鍋本が完成しました。どのお料理も簡単で鍋ならではの楽しみがあると自負しております。どうぞ、この本をお手に、自由に楽しい夜長をゆるゆると過ごしいただければ幸甚です。

「おとな鍋」の六か条

一、準備いらず、あり物で作る

前もっての下ごしらえなく、ささっと作れる鍋。冷蔵庫にある材料、少ない手順。なのに酒肴にも、おかずにもなる。

二、野菜ベースでヘルシーに

野菜を主役に、季節ごとの味が楽しめる。野菜の持ち味を生かすことで調味料控えめで仕上がり抜群、そしてヘルシー。

三、余熱を使って、食べ頃を楽しむ

ゆっくり火であたためてから素材を加熱するので、火のとおりが柔らか。余熱を使うので、いろいろな食べ頃が楽しめる。

四、小鍋を使って少量クッキング

小鍋を使えば、少量でも旨味が引き出され、仕上がり抜群。炒める、焼く、蒸す、煮込む、炊くの調理がすべて可能。

五、たれや薬味で二変化、三変化

いろいろな味にアレンジできるのも土鍋ならでは。たれ、薬味を替えればメニューは次々更新。リピートしても食べ飽きない。

六、〆まで楽しむ

お酒のおつまみや軽いおかずで始まり、メイン、最後の〆まで土鍋一筋。鍋あとで作ったとは思えない、〆が楽しめる。

第一章
味を変えて楽しむおつまみ鍋

土鍋を使うと、味と食べ頃がどんどん更新。生からスタートして、変化を楽しみ、最後は〆のご飯まで鍋をフル使用。作りながら、加熱しながら、呑みながら、刻々と変わる味が楽しめる。

たらこ＋マッシュポテト

そのままで食べられる、たらことマッシュポテト。火にかけながら、生っぽいところや焼けたところ、と変化する味が楽しめるのは、土鍋ならでは。残りもののポテトサラダで作ってもよく、ケイパーがなければ、ピクルスやラッキョウをトッピング。

相性よし◎白ワイン（甲州ワイン）

そのままでも、温めても、焼いてもおいしい！

ポテトサラダで
作ってもおいしい
たらこは
生食用を

材料（2人分）

マッシュポテト

じゃがいも――1個（100g）

A｜牛乳――大さじ2
　｜塩――ひとつまみ

たらこ――1腹

マヨネーズ――大さじ1～2

イタリアンパセリ（細かく刻む）――適量

ケイパー――5～6粒

作り方

1　じゃがいもは皮を剥いて小さめのひと口大に切って小鍋に入れ、ひたひたの水（材料外）を注ぎ、汁気がなくなりほっくりと柔らかくなるまで煮る。**A**の調味料を加えてマッシャーでつぶす。

2　土鍋に**1**のマッシュポテト、たらこ、マヨネーズを入れて蓋をして火にかけ、時々かき混ぜる。

3　イタリアンパセリとケイパーを加える（写真右ページ）。

【メモ】タラモサラダ風に、そのままパンにONしてカナッペに。冷めてもおいしいので、翌日のお弁当のおかずやサンドイッチの具にもなり、二度楽しめます。

アレンジ ▶ パンにON

材料

食パン（サンドイッチ用）――適量

作り方

焼いて耳を切り落とした食パンを食べやすい大きさに切り、鍋の残りをのせる（写真下）。

残りものとは思えない
おしゃれなおつまみに

焼きいかわた＋いかの身

いかは濃厚な旨味の宝庫。遠洋にいるするめいかは、栄養をためているので肝（わた）がたっぷり。身は加熱するとすぐに硬くなるので、焼き過ぎに注意してください。先にわたを炒めてしっかり火をとおしてから、身を加え、さっと火をとおすのがポイントです。

相性よし◎日本酒（山廃純米）

ご飯を入れて混ぜるだけ。おこげはお酒のあてにもなる

材料（2人分）

するめいか――１～２杯
ごま油（白）・塩――各少々
ねぎ（小口切り）――適量
すだち――１個

わたの多い
するめいかを使う

★いかの下処理

いかは胴から頭と足を抜き、軟骨を取り除く。胴の中をサッと洗い、エンペラを下に引きながら胴の皮を剥き、開く。足はわたを切り落としてから目玉とくちばしを取り除き、触手の先を切り落とし、食べやすい大きさに切る。わたは捨てずにとりおく。

硬くなるので
あとから入れる

作り方

1 下処理したいかのエンペラと胴は1.5cm幅の短冊切りにする。ゲソは食べやすい大きさに切る。

2 土鍋にいかのわたを入れて塩、ごま油をふりかけ、蓋をして火にかける。焼けたら、**1**を加えて混ぜ、身が白くなったら火を止める。ねぎをのせ、すだちを搾る（写真左ページ）。

アレンジ▶焼き飯に

材料（2人分）

ご飯――１膳分
ガリ・ねぎ・クコの実――各少々

作り方

具材を少し残した鍋にご飯を加えて中火にかけよく混ぜる。ご飯が少し焼けてきたら、ガリ、ねぎ、クコの実をのせる（写真上）。

【メモ】鍋肌に焼きついたわたのおこげもおいしく、ごはんを加えることで、最後までその旨味が楽しめる。塩気が足りないと感じたら、お漬物やキムチを加えても。

お酒呑みをひきつけてやまない
いかは旨味の宝庫

たこ＋キャベツ

生と熱々。二種類の味が楽しめる、たこキャベツ

ゆでだこが甘辛味の酒肴に変身。生のうちからたれをかけて食べ始め、味に飽きたら水を入れて、蒸し煮に。キャベツがしんなりして、甘くなるとすっかり違う味に生まれ変わります。コチュジャンの代わりに、天かすやソースをかけて、たこ焼き味にしても。

相性よし◎焼酎、マッコリ

たこでキャベツを
おおう
キャベツは
生でも食べられる
幅に切る

材料（2人分）
ゆでだこの足（薄めに切る）—— 100g
キャベツ（細切り）—— 2～3枚（120g）
水——大さじ1
A コチュジャン・しょうゆ・米酢 ——各小さじ1
A おろしにんにく・ごま油——各少々

作り方

1 **A**の材料を混ぜ合わせる。
2 土鍋にキャベツを入れ、上にたこをのせて水を加え、蓋をして火にかける。
3 キャベツがしんなりとしたら火を止め、1のたれをかける（写真右ページ）。

残った汁を甘辛味に
仕立てて酒あとの〆に

アレンジ▶トック鍋に

材料（2人分）
水—— 50mℓ
トック—— 100g
コチュジャン・砂糖・しょうゆ——各小さじ1

作り方

鍋に残った汁に材料をすべて入れて火にかけ、トックが柔らかくなるまで煮る（写真上）。

【メモ】甘辛味やソース味のほか、ポン酢やしょうがじょうゆをつけると和風味になり、日本酒にも合う。トックがなければ、ご飯を入れて甘辛味の〆ご飯にアレンジしても。

アボカド＋しょうゆとかつおぶしで
新たな味が生まれる

多めに作って
お弁当のおかずや朝ご飯に

アボカド＋スライスオニオン

女子が大好きなアボカドに火をとおし、トマトの旨味と玉ねぎの甘みでひとまとめに。生のうちからつまみ、変化する味を楽しんでください。最後にかけるかつおぶしで足りなかった動物性の旨味をプラスし、アボカドと相性のよいしょうゆ味にしてみました。

相性よし◎ビール（コロナビール）

サラダのように
盛りつける

材料（2人分）

アボカド（5㎜幅にスライス）——1/2個
玉ねぎ（薄切り）——1/2個
プチトマト（赤・黄・オレンジ等好みの色のもの）——7～8個
オリーブオイル——大さじ1
A しょうゆ——大さじ1
わさび——少々
かつおぶし——少々

作り方

1 鉄鍋にアボカドと玉ねぎ、プチトマトを並べる。オリーブオイルを回し入れて火にかけ、玉ねぎがしんなりするまで炒める。

2 加熱してはがれてきたプチトマトの皮は取り除き、火を止め、合わせておいた**A**のわさびじょうゆを入れて混ぜ、かつおぶしをのせる（写真右ページ・上）。

アレンジ▶バゲット・サンドに

材料

バゲット——適量
マヨネーズ——少々
玉ねぎ（薄切り）——少々
イタリアンパセリ（ちぎる）——少々

作り方

バゲットに切り込みを入れてマヨネーズを塗り、鍋の残りを詰める。紫玉ねぎとイタリアンパセリをあしらう（写真右ページ・下）。

【メモ】そのままパンにはさんだり、カナッペにしたり。マヨネーズを加えると子供も喜ぶ味になり、ピクルスや粗挽きこしょうを加えると、お酒の肴になる。

納豆嫌いも虜になる
トマトとの出会い

納豆＋トマト

白ご飯のお供に欠かせない納豆は、火にかけることで独特の匂いが軽減され、トマトの酸味と一緒になるとさらに食べやすくなります。美容食なので、朝ご飯や普段のおかずにもぜひ。

相性よし◎赤ワイン（甘め、濃いめのサンジョベーゼ）

納豆は
ふっくら大粒を

材料（2人分）
納豆——１パック（30g）
トマト（縦４～６等分に切る）
——１個（150g）
ごま油（白）——大さじ１
しょうゆ——小さじ１
青じそ（ざく切り）——３枚

作り方

1 土鍋に納豆、トマト、ごま油を入れて火にかけ、混ぜながら炒める。
2 トマトがとろりとしてきたらしょうゆで味を調え、火を止めて青じそを加えて混ぜる（写真上）。

アレンジ▶卵とじに
材料
卵——１個
しょうゆ——小さじ1/2

作り方
鍋の残りを火にかけ、溶いた卵としょうゆを流し入れ、全体をふんわりと混ぜ、火を止める。

牛肉は
焼いてから加えると
野菜がまとまり、
味が一体に

牛肉＋ブロッコリー

表面を焼いた牛肉と茹でたブロッコリー、切ったパプリカをひと鍋で調理。最初にオイスターソースで味わい、途中で韓流だれを加えてピリ辛味に。お酒が替わるタイミングで味を変えるとよいでしょう。

相性よし◎ビール、紹興酒ソーダ割

牛肉はサッと
焼いてから

材料（2人分）

牛肉（焼肉用）――150g
ブロッコリー――1/2株
パプリカ（赤・黄）――各少々
A 薄口しょうゆ――小さじ1
　 おろしにんにく・ごま油・水――各少々
片栗粉――大さじ1/2
ごま油（白）――少々
オイスターソース――大さじ1/2

作り方

1 ブロッコリーは小房に切って茹でる。パプリカは食べやすい大きさに切る。

2 ボウルに牛肉と**A**の調味料を入れ、揉んで下味をつける。片栗粉を加えてよく混ぜ、ごま油を熱したフライパンで表面をサッと焼く。

3 土鍋に**1**のブロッコリーを入れ、**2**の牛肉をのせ、上にパプリカをちらし、オイスターソースを回し入れ、蓋をして火にかける。時々混ぜ、パプリカがしんなりしたら完成。

アレンジ▶ピリ辛味に

材料

韓流だれ（50ページ参照）
――適量

作り方

たれを鍋の残りにかける。（写真上）。

かき＋白ねぎ

私が一番好きなかきの食べ方。かきは先に表面だけ焼いておくと、煮縮みがせず、蒸し煮にした時に身がふっくら。バターしょうゆ味がお酒を誘い、ねぎがぐんとおいしくなります。病みつきになるおいしさなので、ねぎは多めに用意しておくとよいでしょう。

相性よし◎シャンパン、白ワイン

みんな大好きなバターしょうゆ味。
かきは先に焼いて、土鍋へ

ねぎたっぷりがおいしい
下焼きしたかきと汁を加える

材料（2人分）

かき—— 180g
バター（かき用）—— 10g
小麦粉——適量
白ねぎ（斜め薄切り）—— 2本
バター—— 10g
しょうゆ——小さじ1
レモン——適量

作り方

1 かきは洗って水気を拭く。バターを溶かしたフライパンに小麦粉を薄くまぶしつけたかきを入れて表面をサッと焼く。
2 土鍋に白ねぎを入れて、**1**のかきと焼き汁を加え、バターをのせ、蓋をして火にかける。時々混ぜ、ねぎがしんなりとしてかきに火がとおったら、しょうゆで味を調え、レモンをのせる（写真右ページ）。

トマトケチャップはよく加熱すると
味がしまり、旨味アップ

アレンジ▶
焼きそば、ナポリタンに

材料（2人分）

中華めん（蒸し）
　—— 1袋（150g）
残ったねぎ——少々
トマトケチャップ——大さじ1

作り方

1 中華めんはレンジ（600W）で50秒温める。
2 土鍋の残りに**1**の焼きそばを入れ、ほぐしながら炒める。トマトケチャップを加えて混ぜながら炒める。ねぎをのせる（写真左）。

【メモ】焼きそば用の中華めんを使うと茹でおいたパスタで作るよりおいしく、懐かしいナポリタンのような味に。トマトケチャップはしっかり加熱して炒めれば、酸味が旨味に変わる。

へしこ＋大根

へしこは私が育った花背の冬の間の大切な保存食。とても塩辛く、大根おろしと合わせて食べていたのを、同じ組み合わせでお鍋に仕立ててみました。味の加減はへしこの味をみて調整し、塩気が足りなければ、しょうゆやポン酢をひとたらしして味を調えてください。

相性よし◎日本酒（生酒、燗酒）

冬の保存食を鍋仕立てに。
大根ではさんで味わって

塩分をみて
しょうゆを
ひとたらし

材料（2人分）

へしこ（1cm幅に切る）―― 30g
大根（薄切り）―― 100g（正味）
酒――大さじ1
細ねぎ（小口切り）・一味とうがらし――各少々

作り方

1 土鍋に大根、上にへしこをのせ、酒をふり入れ、蓋をして火にかける。

2 時々混ぜ、大根がしんなりとしたら細ねぎと一味とうがらしをのせる（写真右ページ）。

アレンジ▶焼き飯に

材料（2人分）

あたたかいご飯――軽く1膳
残ったへしこ――少々
ごま油（白）――少々
細ねぎ（小口切り）――少々

作り方

土鍋の残りにすべての材料を入れて火にかけ、へしこをほぐすように混ぜて鍋肌で焼きつけるように炒める。細ねぎをちらす（写真下）。

【メモ】へしこをつぶしてご飯と合わせるだけ。鍋肌に押しつけながらカリッと焼いたおこげはそれだけで酒肴になり、これをお茶漬けにして〆のご飯にしても。

〆にも酒肴にもなる
ご飯はおこげが美味

砂ずり＋玉ねぎ

砂ずりは切って塩をしておくと、加熱した時に味が出やすく、いいだしになります。相性がよい玉ねぎはたっぷり使い、ここでは紫玉ねぎで甘みを足してみました。加熱は、玉ねぎから出る水分を使って蒸し焼き風にする要領で。薄切りはスライサーを使うと簡単です。

相性よし◎赤ワイン（軽めのピノ）、ハイボール

砂ずりの下処理がポイント
ぐんとおいしく、だしも絶品に

砂ずりは塩をして
5分おいてから
紫玉ねぎで
甘みをプラス

材料（2人分）

砂ずり（砂肝）—— 150g
塩（砂ずり用）——少々
玉ねぎ（小）—— 1個（180g）
紫玉ねぎ——少々
A｜粒こしょう—— 10粒
A｜塩——ふたつまみ
ゆずの皮——適量

作り方

1 砂ずりは白い筋をそぎとり、5㎜幅にスライスして塩をして5分ほどおく。
2 玉ねぎと紫玉ねぎは薄切りにし、水にさらして水気を軽く絞る。
3 土鍋に**1**の砂ずり、**2**の玉ねぎをのせ、**A**を加えて蓋をし、火にかける。時々かき混ぜ、玉ねぎがしんなりとして砂ずりに火がとおったら（写真上）、好みでゆずの皮を飾る。

アレンジ▶麩入りスープに

材料（2人分）

焼き麩（水で戻す）—— 4個（15g）
A｜水—— 200㎖
A｜チキンスープの素（顆粒）——小さじ2
三つ葉——適量

作り方

鍋の残りに水気を絞った焼き麩と**A**を加えて火にかけ、沸いたら2～3分間炊く。三つ葉をあしらう（写真左ページ）。

【メモ】残ったスープは、玉ねぎの旨味も加わり、とても濃厚。焼き麩の代わりに硬くなったフランスパンで作ってチーズをのせても。オニオングラタンスープのような仕上がりになる。

濃厚な鶏だしを
焼き麩に含ませて

レバーのアヒージョ風。
バターを合わせればパテに

鶏レバー＋にんにく

レバーを洗って水分をしっかり取ることがおいしさのポイント。油がはねるので蓋をして煮、火がとおったら完成。つぶしたレバーにバターを添えるだけで、レバーパテのようになります。

相性よし◎シェリー、ロゼワイン、赤ワイン（サンジョベーゼ）

レバーは水分を
よく取る

材料（2人分）
鶏レバー――50g
にんにく（薄切り）――4～5枚
オリーブオイル――大さじ1
たかのつめ――1本
塩――ふたつまみ

作り方

1 鶏レバーは洗って、ペーパータオルで水分を取り、ひと口大に切る。
2 土鍋に**1**の鶏レバーを入れ、にんにくをのせてオリーブオイル、たかのつめ、塩を加え、蓋をして火にかける。
3 時々混ぜ、蓋をしてレバーに火をとおす（写真上）。

アレンジ▶ バゲットにバターとON

材料
バジル・タイム――各少々
バゲット・バター――各適量

作り方

1 鍋の残りにバジルとタイムを加え、すりこぎでレバーをつぶす。
2 バゲットにバターと**1**をのせる（写真左上）。

甘めのだしでゆらゆら炊く
ほっこりごま豆腐

ごま豆腐＋すりごま

市販のごま豆腐をおいしく食べたい時に思いついた一品です。だしの中でゆらゆらと温めると柔らかくなり、少し甘めのだしがよく合います。おつゆと一緒に味わってください。

相性よし◎日本酒（吟醸酒）

だしたっぷりが
おいしい

材料（2人分）

ごま豆腐（市販品）――1個（50g）

A
- だし――50mℓ
- みりん――小さじ2
- 薄口しょうゆ――小さじ1

すりごま（白）――適量

クコの実――少々

作り方

1　土鍋にごま豆腐と**A**の調味料を入れて火にかけ、沸いたら2～3分ゆるゆると炊く。

2　火を止め、すりごまとクコの実をのせる（写真上）。

【メモ】ごま油をひとたらしすると、濃厚でパンチのあるごま豆腐に。残ったごま豆腐をおつゆの中でくずしてとろとろにすればスープになり、青ねぎやわさびを薬味にするとよい。

アレンジ▶ごま油をプラス

材料

ごま油――適量

青ねぎ（小口切り）――適量

作り方

鍋の残ったごま豆腐にごま油をたらし、青ねぎを添える。

厚揚げ＋XOジャン

旨味のあるXOジャンはお酒を誘う味。厚揚げは均等に温まるように全体に火をとおし、XOジャンがなじむように少しずらして並べます。香ばしいのが好みなら、角や端っこをカリッと焼きつけても。中華風のたれや薬味を追加すると、さらにお酒がすすみます。

相性よし◎ビール（チンタオビール、オリオンビール）

全体を温めながら味をしっかり絡ませて

厚揚げはあれば
絹揚げを

材料（2人分）

厚揚げ（1cm幅に切る）――2個（160g）
XOジャン――大さじ1
しょうゆ――小さじ1～2
青ねぎ（小口切り）・糸とうがらし――各少々

作り方

1 土鍋に厚揚げを並べてXOジャンをかけ、火にかけて混ぜながら炒める。
2 XOジャンが全体になじんだらしょうゆを加えて火を止め、青ねぎと糸とうがらしをあしらう（写真右ページ）。

アレンジ▶和風味にあっさりと

材料

大根おろし・しょうゆ・紅しょうが（薄切り）・粉山椒――各少々

作り方

鍋の残りの上に粉山椒をふり、大根おろしとしょうゆ少々、紅しょうがを好みでのせる（写真下）。

【メモ】呑むお酒が替わるタイミングで味を変え、まずはビール＆ピリ辛味でスタートし、日本酒に替わったら和風味にアレンジ。かつおぶしやおろししょうが、柑橘を加えても。

さっぱり味が欲しくなったら
大根おろしをON

お酒呑みが好きな
ネバネバ、サクサク、
塩気をひと鍋に

長いも＋アンチョビ

お酒を誘うねばりと食感と塩気をひと鍋に。アンチョビの塩気はへしこに似ていて、長いもはサクッとした独特の食感とねばりがあり、温めると甘みが増します。仕上げの梅肉で味をしめています。

相性よし◎日本酒（純米）、焼酎（青じそ入り麦焼酎）

長いもは
粗くつぶして
食感を出す

材料（2人分）

長いも――100g
アンチョビフィレー――2枚
アンチョビの油――少々
薄口しょうゆ――小さじ1/2
梅肉――少々

作り方

1 長いもは皮を厚めに剥き、ポリ袋に入れてすりこぎで叩いてつぶす。
2 土鍋に**1**の長いもを入れ、アンチョビをのせてアンチョビの油を加え、蓋をして火にかける。
3 長いもが半透明になったら火を止め、薄口しょうゆで味を調え、梅肉をのせる（写真上）。

アレンジ▶めかぶONで和風味に

材料

めかぶ――適量
梅肉――少々

作り方

鍋の残りの上にめかぶと梅肉をのせる（写真右）。

目玉焼き＋酒盗

酒盗の塩分で作るといつもの目玉焼きがおつな酒肴に。卵は余熱で固まるので、ほどほどのところで火を止め、あとは箸でかき混ぜるだけ。アンチョビや塩辛で作ってもおいしいですよ。

相性よし◎焼酎（麦焼酎、芋焼酎）

塩気と香りを足すだけで
目玉焼きがあてに

酒盗の代わりに
塩辛でも

材料（2人分）

卵——1個

にら（3㎝長さに切る）——1本

酒盗——小さじ1

作り方

1 土鍋に卵を割り入れ、にら、酒盗を加えて蓋をして火にかける。

2 卵が好みの半熟状になったら（写真上）、箸でかき混ぜる。

アレンジ ▶ 〆のめんに

材料（2人分）

きしめん——1/2玉（100g）

水——大さじ1

ごま油——小さじ1

しょうゆ——小さじ1

かつおぶし・紅しょうが（せん切り）——各少々

作り方

1 きしめんはレンジ(600W)で1分温める。

2 鍋の残りに**1**のきしめんとごま油、水を入れて火にかけ、ほぐしながら混ぜ、しょうゆで味を調える。

3 火を止めてかつおぶしをかけ、紅しょうがをのせる（写真左）。

鍋essay —— 1

鍋あとの楽しみ

鍋は不思議。

鍋に材料を入れて、素材にゆるゆると火が通っていくだけなのに、はじめは生々しくよそよそしかった肉や野菜が、だんだんと煮えるにつけ、一つにまとまり始める。

それはまるで知らなかったもの同士が一つの家に暮らし、ゆっくり一つの家族になって行くさまに似ているな、と感じる。

主張の強いもの、それを受け止め、優しく癒すもの。縁の下の力持ちに徹するもの。どこ吹く風でひょうひょうと別な道を歩みつつも、なんとなくなくてはならぬ存在であるものなどなど。最初はぶつかり合っていたものたちも、長く同じ鍋の中で煮えていくうちに統制がとれ一つにまとまっていく。

「仲よう煮える」そんな言葉を私はよく使う。ちょっとくたっとして他の食材とうまく絡むように煮えていく。そんなさまが私は好き。「美味しそうだなぁ」と私が思うものは、大概綺麗に揃えられたよそよそしいものではなく、仲よう混ざり合った味のしゅんだ（染《し》みた）ものであることが多い気がする。仲よう煮えた様々な具材が順々に引き上げられたあと鍋の中に残るのは、様々な素材がぶつかり合って仲ようなって、いろいろなドラマを乗り越えたあとに残る混沌としつつも、えもいわれぬハーモニーを生みだす濃厚な煮汁。

始まりから終《しま》いまで具材を堪能した私たちはもう既にその鍋の虜となり、お腹も心も満たされ酔いしれている。にもかかわらず、残されたその最後のスープを一滴たりとも無駄にせず体内に収めたい、といつも思うのだ。

ああ、なんという美味しさだろう。お腹がいっぱいのはずなのに、するすると身体に収まる鍋あとは、実は今までの食事が前座であったのではないかと、私たちに思わせるほどだ。いやいや、今までの苦労があったからこそこの鍋あとに辿り着けるのだ。

鍋あとのこの美味しさに会うためにここまで頑張ってきたのだということを、私は毎回確信する。

あぁ美味しかった。本日の鍋中のドラマにもお礼を言いたい。

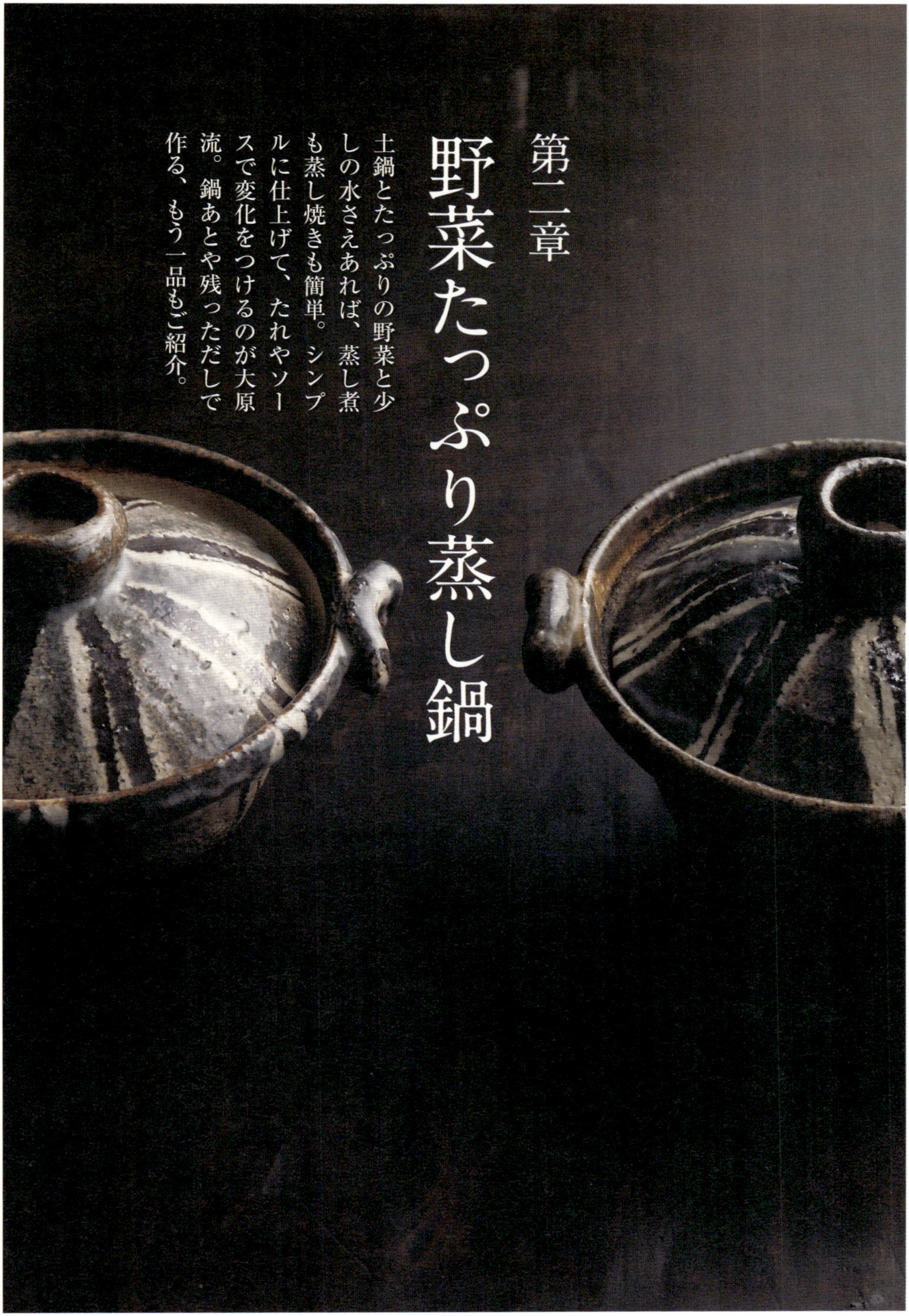

第二章

野菜たっぷり蒸し鍋

土鍋とたっぷりの野菜と少しの水さえあれば、蒸し煮も蒸し焼きも簡単。シンプルに仕上げて、たれやソースで変化をつけるのが大原流。鍋あとや残っただしで作る、もう一品もご紹介。

たらをカリッと焼いたら
ポテトにＯＮし、蒸すだけ

じゃがいも＋たら

◎白みそソースで

じゃがいもとたらを、玉ねぎの水分と甘みと旨味を使って蒸し煮にします。生たらはそのまま蒸し煮にすると生臭いので、必ず焼きます。表面をカリッと焼くだけで、旨味が増してコクが生まれ、ぐんとおいしくなります。たらがなければ、白身魚や鮭で作っても。

相性よし◎白ワイン（甲州ワイン）

カリッと焼いて
ON
たらと
じゃがいもの相性は
抜群です

材料（2人分）

じゃがいも（皮を剥いてスライサーで薄切り）——中１個（150g）
玉ねぎ（５㎜幅に切る）—— 30g
水—— 100㎖
たら—— ２切れ（250g）
塩——少々
小麦粉——適量
ごま油（白）——大さじ 1/2
せり（ざく切り）—— 1/2 束
白みそソース
　白みそ・マヨネーズ——各大さじ２
　ゆずの皮（せん切り）——適量

作り方

1 たらは塩をして１時間ほどおき、小麦粉を薄くまぶす。ごま油を熱したフライパンで表面をカリッと焼く。
2 土鍋に玉ねぎを入れ、上にじゃがいもをのせ、水を加え、**1** のたらをのせる（写真上）。蓋をして火にかける。
3 時々混ぜ、玉ねぎとじゃがいもに火がとおったら、せりを加える。材料を合わせた白みそソースを添える（写真右ページ）。

アレンジ ▶ ポタージュに

材料（2人分）

鍋の残り—— 200g
牛乳—— 100㎖
塩——ふたつまみ
ゆずの皮——適量

作り方

1 ゆずの皮以外の材料を合わせてブレンダーでなめらかにする。
2 器に注ぎ、ゆずの皮をのせる（写真左）。

【メモ】温めなおして味わうのもよいが、煮くずれてしまったら、思い切ってスープに。残った材料と牛乳を合わせるだけで、本格的なポテトスープになる。ゆずや粗挽きこしょうなどを加えて味を引き締める。

ねぎ蒸しにすると、さっぱりかつ濃厚。
ソースでさらに旨味アップ

ねぎ類＋牛肉

◎おろしソースで

冬になるとおいしくなるねぎ。甘みも楽しみたいので、玉ねぎも使いました。敷き詰めた二種類のねぎの上に牛肉を並べて蒸すだけ。玉ねぎがしんなりとしたら、食べ頃です。大根やりんご、たまねぎをすりおろしたソースは、私のイチ押しソースです。

相性よし◎ビール（コクのあるタイプ）

材料（2人分）

牛肉（すき焼き用）―― 160g
玉ねぎ（横にスライス）―― 1/2 個
白ねぎ（斜め薄切り）―― 1 本
水―― 50mℓ
青ねぎ（小口切り）――適量
クコの実――少々
おろしソース―― 50 ページ参照
一味とうがらし――適量

ねぎは組み合わせるとよりおいしい

作り方

1 土鍋に玉ねぎと白ねぎを入れ、上に牛肉をのせる。水を加え、蓋をして蒸し煮にする。

2 玉ねぎがしんなりとして、牛肉に火がとおったら青ねぎとクコの実を加え、火を止める。おろしソースと一味を添える（写真右ページ）。

【メモ】ポン酢やからししょうゆなど、たれを替えると、さっぱり、こっくり、と違った味に。牛肉の代わりに、豚肉や鶏肉で作っても。その場合も火のとおりが早い薄切り肉がおすすめ。

上段と下段で二つの味を。
白菜はアレンジしても美味

白菜＋シューマイ

◎からしじょうゆで

蒸し台を使って、台の上にシューマイ、台の下に白菜を並べて二層蒸しに。シューマイの旨味を含んだ白菜は思いのほかおいしく、これだけでも一品になります。鍋の水の量は沸くと水位が上がるので、蒸し台の2～3cm下あたりまでにします。

相性よし◎紹興酒（燗酒）

蒸し台にシューマイ
鍋底に白菜を

材料（2人分）

白菜（横に5㎜幅に切る）
——1～2枚（100g）
水——100～200㎖
シューマイのたね（7個分）
　豚ひき肉——100g
　玉ねぎ（みじん切り）——20g
　片栗粉——大さじ1/2
　ごま油——小さじ1/2
　塩——ひとつまみ
　こしょう——少々
シューマイの皮（市販）——7枚
グリーンピース——7粒
からしじょうゆ
　しょうゆ・米酢——各大さじ1
　練りがらし——少々

作り方

1 シューマイのたねの材料をボウルに入れてよく練る。
2 シューマイの皮で**1**を包み、グリーンピースをのせる。
3 土鍋に白菜を入れて水を注ぎ、蒸し台をセットし、**2**のシューマイを並べ、ふきんでおおった蓋をして蒸す（湯気が出てから5～6分ほど）。白菜が煮えると水分量が増えるので、水は蒸し台の2～3cm下まで注ぐ。
4 火からおろし、からしじょうゆを添える（写真右ページ・上）。

アレンジ ▶ とろとろ白菜煮に

材料（2人分）

白菜（鍋の残り）——100g
蒸し汁——200㎖
　（足りない場合は水を足す）
オイスターソース——小さじ1
水溶き片栗粉
　片栗粉——小さじ1/2
　水——小さじ1
青ねぎ・おろししょうが——各少々

作り方

残った白菜と蒸し汁が入った土鍋を火にかけ、沸いたらオイスターソースで味を調え、水溶き片栗粉でとろみをつける。刻んだ青ねぎとおろししょうがをのせる（写真右ページ・下）。

【メモ】二段蒸しにすると、別々に味わえ、ひと鍋で二品に。オイスターソースの量は白菜と残り汁の分量をみて調整。白菜の代わりにもやしやキャベツ、薬味はゆずこしょうなど、お好みで。

スライスれんこん＋えび

◎エスニックだれで

えびは下処理をしっかりして臭みを取っておくと、旨味が引き立ち、よりおいしく味わえます。れんこんの間から上がる蒸気でえびを蒸し上げると、相乗効果でれんこんもおいしくなります。たれを替えれば、日本酒や白ワインの酒肴にもなります。

相性よし◎紹興酒

下処理して
くさみを抜く
薄切りは
スライサーを使うと
かんたん

材料

れんこん（皮を剥いてスライサーで薄切り）
—— 100g（正味）
えび（ブラックタイガー）—— 6尾（120g）
水—— 50mℓ
パクチー—— 2～3株
エスニックだれ—— 50ページ参照

作り方

1 えびの下処理をする。えびは殻を剥き、竹串で背わたを取る。ボウルにえび、片栗粉小さじ2と水少々（ともに材料外）を入れて揉んで汚れを取る。水で軽く洗って、水気を拭きとり、塩ひとつまみ（材料外）をふって揉む。

2 土鍋にれんこんを入れ、上に**1**のえびをのせて水を加え、蓋をして蒸し煮にする。

3 えびとれんこんに火がとおったらパクチーを加え、エスニックだれを添える（写真左）。

【メモ】たれで味が変化する一品。日本酒なら、ポン酢とねぎ、ワインならガーリックバターとイタリアンパセリでアレンジ。ブロッコリーを一緒に加えてもよい。

ひと手間でえびは、プリプリに。
れんこんの食感も楽しんで

もやし＋豚バラ◎ポン酢で

のせて蒸すだけの土鍋の威力発揮のシンプル鍋。もやしに食感が残っているくらいでいただくのが美味。ポン酢でさっぱりもいいですが、おろしソースや韓流だれとも合い、数種のたれと楽しんでも。

相性よし◎白ワイン（リースリング）

豚肉で
もやしをおおう

材料（2人分）

もやし――１袋（200g）
豚バラスライス――100g
スナップエンドウ――３本
水――50mℓ
ポン酢――50ページ参照

作り方

1. 土鍋にもやしを入れ、上に半分の長さに切った豚肉と筋を取ったスナップエンドウ、水を加え、蓋をして蒸し煮にする。
2. 豚肉に火をとおし、ポン酢を添える（写真右）。

定番の豚もやしは
自家製だれで変化を

キャベツ＋甘塩鮭 ◎みそだれで

甘塩の鮭は日持ちがする便利な食材。ひと切れあれば作れ、玉ねぎやキャベツの水分で鮭は柔らかくふっくらします。鮭の塩気と、キャベツや玉ねぎの甘みだけでおいしくなりますが、みそだれをかけるとさらに味わい豊かに。野菜はしんなりするのでたっぷりめがおすすめです。

相性よし◎日本酒（本醸造酒）

残り物の野菜と鮭も
土鍋ひとつで酒肴に変身

キャベツ
たっぷりが
おいしい

材料（2人分）

キャベツ（ざく切り）—— 2～3枚（120g）
鮭（甘塩／半分に切る）—— 1切れ（120g）
玉ねぎ（薄切り）—— 1/4個
水—— 50mℓ
しょうが（薄切り）—— 4～5枚
万願寺とうがらし（斜め切り）——少々
みそだれ—— 50ページ参照

作り方

1 土鍋に玉ねぎ、キャベツ、鮭の順に入れる。水を加えてしょうがをのせ、蓋をして蒸し煮にする。
2 鮭に8割火がとおったら、万願寺とうがらしを加える。
3 野菜が柔らかくなり、鮭に火がとおったら火を止め、みそだれを添える（写真上）。

素材の持ち味をとじ込め
秋ならではの蒸し焼きに

鶏もも肉＋いろいろきのこ

◎割下で

土鍋をフライパンのように使って鶏肉を蒸し焼きにします。鶏肉は肉から出る脂だけで焼き、全体に焼き色をつけるのがおいしさのコツ。きのこは煮すぎるとくたっとするので、あとから加え、さっと煮ます。柑橘と割下をつけると、とても上品な味わいに。

相性よし◎ロゼワイン

あとから入れて
さっと煮る
皮を下にして
蒸し焼きに

材料（2人分）

鶏もも肉——１枚（350g）
好みのきのこ（エリンギ・しいたけ・舞茸／石づきを取り食べやすい大きさに切る）——200g
塩（鶏肉下味用）——小さじ1/2
にんにく（薄切り）——４～５枚
たかのつめ——１本
塩——ふたつまみ
菊の花——適量
割下
　だし——大さじ２
　薄口しょうゆ——大さじ１
　好みの柑橘果汁（すだちなど）——大さじ1/2

作り方

1 鶏肉は塩をふってしばらくおき、皮を下にして土鍋に入れる。上ににんにくとたかのつめをのせ、蓋をして蒸し焼きにする。時々上下を返す。

2 鶏肉に火がとおったらきのこ類を入れて塩をふり、蓋をして焼く。きのこがしんなりしたら鶏肉を取り出し、食べやすい大きさに切って鍋に戻し、菊の花弁をちらす。材料を合わせた割下を添える（写真右ページ）。

【メモ】切干大根は戻しすぎると吸水が悪くなり、歯ごたえもなくなるのでさっと戻す。煮るというより、おいしいだしを吸わせる感覚で。切干し大根は軽く戻すだけで使えるので、常備すると意外と重宝。

アレンジ▶切干大根のさっと煮に

材料（2人分）

切干大根——10g
鍋の残り汁——30mℓ
塩——少々
鍋の残りのたかのつめ（輪切り）——適量

作り方

1 切干大根はさっと洗って水（材料外）に１分ほど浸けて戻し、ぎゅっと絞って水気をとる。

2 土鍋の残り汁を沸かし、**1**の切干大根を入れて汁を吸わせるように炒め、塩で味を調える。上にたかのつめをのせる（写真上）。

子供が好きな組み合わせが
ソースでぐんとおとな味に

かぼちゃ＋ベーコン ◎ ケチャップソースで

蓄熱性が高く、短時間で蒸すことが出来るのも土鍋ならでは。かぼちゃは10分ほどで蒸し上がり、ホクホクに。子供が好きな組み合わせですが、甘さ控えめのケチャップソースでおとな味にアレンジしました。

相性よし◎白ワイン（シュナンブラン）

ベーコンの脂が
かぼちゃに
いきわたるように

材料（2人分）

かぼちゃ—— 100g
切り落としベーコン—— 40g
香り糸ねぎ——少々
ケチャップソース
　おろしトマト・トマト
　ケチャップ　——各大さじ1

作り方

1　かぼちゃは7㎜幅にスライスする。
2　土鍋に水（材料外）を注いで蒸し台をセットし、1のかぼちゃ、ベーコンを並べ、蓋をして蒸し煮にする。
3　かぼちゃに火がとおったら火を止め、あれば香り糸ねぎをあしらう。材料を合わせたケチャップソースを添える（写真上）。

かぶ＋金目鯛 ◎ 塩昆布で

調味料をほとんど使わず、ほぼ塩昆布の旨味だけで調理しました。土鍋を使うとふっくら蒸し上がり、素材の持つおいしさをストレートに楽しめます。魚や野菜は昆布と一緒に召し上がってください。

相性よし◎日本酒（冷酒）

白身魚と昆布は好相性。
塩昆布だけでいいお味に

白身魚で作ってもよい

材料（2人分）

かぶ（皮を剥き８等分のくし切り）
——１個（正味120g）
かぶの葉（４㎝長さに切る）——少々
金目鯛——１切れ
塩——少々
塩昆布——15g
酒——大さじ１
水——大さじ２

作り方

1 金目鯛は軽く塩をふる。皮に切り目を入れる。

2 土鍋に**1**の金目鯛とかぶ、かぶの葉、塩昆布を入れて、酒、水をふりかける。蓋をして蒸し焼きにする（写真上）。

トマト＋モッツァレラ
◎塩・オリーブオイル

「カプレーゼ」を彷彿とさせる、シンプル小鍋。塩がトマトの水分を引き出し、オリーブオイルがまとめ役に。生のままでも食べられるので、溶け始めから、トロトロになるまで味わえます。トマトにチーズを絡ませ、チーズフォンデュのようにして楽しみます。

相性よし◎白ワイン（イタリア・マルヴァジア）

トマトは
皮を剥いておくと
味がよくなじむ

材料（2人分）
トマト——1/2個
モッツァレラ——60～70g
塩——ひとつまみ
オリーブオイル——少々
バジル——適量

作り方
1 トマトは湯剥きして大きめの乱切りにする。モッツァレラも大きめの乱切りにする。
2 土鍋に1のトマトとモッツァレラを入れて、塩、オリーブオイルをふりかけ、火にかける。
3 チーズが溶け、トマトが好みの状態になったら火を止め、バジルを飾る（写真左ページ）。

アレンジ▶わさびじょうゆで和風に
材料（2人分）
トマト・モッツァレラ——各上記と同量
しょうゆ——小さじ1/2
わさび——適量

作り方
1 土鍋にトマトとモッツァレラを入れ、しょうゆをふりかけ、火にかける。
2 モッツァレラが溶け、トマトが好みの状態になったら火を止め、わさびを添える（写真上）。

【メモ】チーズは好みのものでよいが溶けてよく伸びるモッツァレラがおすすめ。粗挽きこしょうをかけても。わさびじょうゆ味なら、純米吟醸酒が合う。残った汁はパンにつけて味わう。

サラダの感覚で
生から熱々まで
味わって

野菜が足りない時の一品に。
蒸し野菜はミックスしても

くったりしたら
卵白仕立てやスープに

ブロッコリー＋かに缶

かにを絡ませながら温めた、和え物風の蒸し鍋。常備している缶詰の中で、かに缶はちょっと嬉しくなる食材。なかなか使うチャンスがないですが、ブロッコリーとの組み合わせは酒肴にもなり、おかずにもなります。ブロッコリーの歯ごたえが残るくらいの状態が食べ頃です。

相性よし◎白ワイン（ソーヴィニヨンブラン）

材料（2人分）

ブロッコリー—— 1/2 株
かに—— 1/2 缶（50g）
水——大さじ 1
紅しょうが（せん切り）——少々

作り方

1 ブロッコリーは小房に切り分け、茹でてザルにあげる。

2 土鍋に **1** のブロッコリーとかに、水を入れて紅しょうがをのせ（写真右ページ・上）、蓋をして火にかける。温まったら全体をよく混ぜる。

アレンジ ▶ 卵白仕立てに

材料（2人分）

ブロッコリー・かに——各上記と同量
A 水—— 100mℓ
　チキンスープの素（顆粒）——小さじ 1
水溶き片栗粉
　片栗粉——小さじ 1/2
　水——小さじ 1
卵白—— 1 個分
ゆずこしょう——少々

作り方

1 土鍋にブロッコリーとかに、**A** を入れて火にかけ、沸いたら水溶き片栗粉でとろみをつける。

2 再び沸いたら溶いた卵白を流し入れ、ゆずこしょうをのせる（写真 右ページ・下）。

【メモ】ブロッコリーがくったりしてきたら、とろみをつけて卵白仕立てに。水分を多くしてスープにしてもよく、かに缶がなければ、鮭缶や貝柱の水煮缶で作ってもよい。

作りおくと重宝するたれ

たれやソースがあるだけで、一つの鍋をいろいろな味で楽しめ、お酒との相性や呑み手の好みにも対応できます。作って冷蔵庫に保存できる便利なたれをご紹介。

下写真左より

◎ポン酢(a)

だし・薄口しょうゆ　各150mℓ、しょうゆ　75mℓ、みりん　大さじ2、好みの柑橘果汁　75mℓ（レモン・すだち・ゆずなど3種類使用）、かつおぶし　1パック（3g）を混ぜて漉す。（仕上がり約450mℓ）

※冷蔵庫で1週間もつ。

※鍋物、冷奴、和え物に。

◎おろしソース(b)

大根　250g、りんご　1/4個、玉ねぎ　1/4個、にんにく　1かけを順番にすりおろし、水切りをせず、みりん（煮切る）60mℓ、薄口しょうゆ　80mℓ、米酢　50mℓと混ぜ合わせる。（仕上がり約400mℓ）

※冷蔵庫で1か月もつ。

※肉、魚を使った焼き物、ステーキに。

◎韓流だれ(c)

にんにくすりおろし　小さじ2、コチュジャン　大さじ4、砂糖　100g、しょうゆ　200mℓを混ぜる。（仕上がり約300mℓ）

※冷蔵庫で1か月もつ。

※照り焼き、炒め物、揚げ物に。

◎みそだれ(d)

煮切りみりん　200mℓ、みそ　100g、すりごま（白）　大さじ4、すだち果汁　小さじ2を混ぜる。（仕上がり約350mℓ）

※冷蔵庫で1週間もつ。

※蒸し野菜や、魚、豚肉、鶏肉を使った蒸し物や焼き物に。

◎エスニックだれ(e)

ナンプラー・水　各200mℓ、米酢　大さじ2、ごま油　大さじ1、にんにくすりおろし・一味とうがらし　各少々を混ぜる。（仕上がり約450mℓ）

※冷蔵庫で1週間もつ。

※魚、豚、鶏肉、えび、貝類を使った蒸し物や炒め物に。

第二章

基本だしでさっと炊くだけ

昆布と混合削り節でとっただしにほんの少しの薄口しょうゆ。このだしを基本にすれば、少しの手順で肉も魚も野菜も果てしなくおいしくなる。さっと炊いただけとは思えない、大人な味をご紹介。

基本だしのとり方

材料

水—— 600㎖
だし昆布——5g
混合削り節※——8g
薄口しょうゆ——大さじ1と1/2
※かつおぶし、宗田かつおぶし、さば節、
むろあじ節の削り節をあわせたもの。

作り方

水にだし昆布と混合削り節を入れて1時間以上おいてザルで漉し、薄口しょうゆを加える。

豆腐＋とろろ昆布

酒呑みが大好きな豆腐。酒肴の定番は冷奴ですが、汁ごと楽しめてほっこりするのがだし豆腐。あたたかい豆腐、とろとろのこぶ、おいしいだしを一緒に味わってください。京都では、絹ごしともめんの間の「京とうふ」という豆腐をよく使います。

相性よし◎日本酒（熱燗）

とろろをのせるだけで
数段おいしくなる、だし豆腐

▼
P55

あとは
柑橘を搾るだけ

材料（2人分）

ポーチドエッグ――２個
基本だし――適量（写真は200mℓを使用）
天かす（揚げ玉）・ねぎ（小口切り）・
　すだち（輪切り）――各適量

作り方

1 ポーチドエッグを作る。小さな鍋に水500mℓ（材料外）を入れて沸かし、塩、米酢各大さじ１（ともに材料外）を加える。箸で渦を作ったところに割った卵をそっと入れ、弱火で２分煮る。

2 土鍋に基本だしを沸かし、**1**をそっと入れ、天かす、ねぎ、すだちの輪切りをのせる（写真左ページ）。

鍋あと▶卵うどんに

卵を１個残しておき、いったん取り出す。残った煮汁に冷凍うどん（小１玉）を入れて火にかけ、薄口しょうゆで好みの味に調える。うどんが煮えたら卵を戻し、天かす、ねぎ、一味とうがらしをのせる（写真下）。

▼
P53

京都では
京豆腐を使う

材料（2人分）

絹ごし豆腐――1/2丁（200g）
基本だし――適量（写真は200mℓを使用）
とろろ昆布――適量
おろししょうが・ねぎ（小口切り）・
　梅干し――各適量

作り方

1 土鍋に基本だしを入れ、半分に切った豆腐を加えて火にかける。

2 豆腐が温まったら火を止め、とろろ昆布と薬味をのせる（写真前ページ）。

鍋あと▶ぞうすいに

残った汁にご飯を入れて火にかける。ご飯が程よく煮えたら火を止め、梅干しとねぎをのせる（写真下）。

ポーチドエッグ＋天かす＋ねぎ

天かすとねぎと酸味で
おしゃれでおいしい卵鍋に

いつでも冷蔵庫にある卵は、庶民の味方。そして、お酒好きはみんな卵が大好きです。この基本だしは卵ととても相性がよく、中を割ってとろっと出てくる黄身は最高のごちそうです。体も温まり、お酒にもぴったりと合い、鍋あとも楽しめます。

相性よし◎赤ワイン（ボジョレー）

玉ねぎ＋焼き穴子

香ばしい焼き穴子と甘い玉ねぎの組み合わせ。基本だしに穴子の頭と尾を加えることで、ぐんと旨味がアップ。ポイントは穴子を煮すぎないこと。さっと温める程度にします。

相性よし◎ 赤ワイン（軽めのタイプ）

焼き穴子は煮すぎに注意。
玉ねぎたっぷりがおいしい

うなぎや鱧で
作ってもおいしい

材料（2人分）
玉ねぎ（小）——1個（180g）
焼き穴子——2匹
基本だし——400㎖
塩——ふたつまみ
三つ葉（ざく切り）——1/2束
すだち——1/2個

作り方

1 玉ねぎは縦半分に切り、横向き5㎜幅にスライスする。穴子は頭と尻尾を切り落として、5㎝の長さに切る。
2 1の穴子の頭と尻尾、基本だしを土鍋に入れて火にかける。ひと煮立ちして2～3分炊いたら穴子の頭と尻尾を取り出す。1の玉ねぎと塩を加え、蓋をして玉ねぎが柔らかくなったら、穴子の身を加える。
3 再び煮立ったら、三つ葉を加え、すだちを添える（写真右ページ）。

【メモ】焼き穴子はそのまま食べても焼き直しても硬く、煮るのが一番美味。冷凍保存できるので、買いおくと便利。〆は、ぞうすいにする場合は身をほぐしてもよい。

鍋あと▶穴子そばに

残っただしと穴子を温め、茹でたそばを入れ、そばが温まったら器に盛り、三つ葉もさっと火をとおして添えるとよい。粉山椒をふる（写真下）。

スライス大根＋さつま揚げ

基本だしとさつま揚げから出る旨味だけなのに、コトコト煮たようなおいしさ。練りものは炊くと、柔らかくなってだしの旨味にもなります。あっという間にできる、即席おでんです。

相性よし◎焼酎、日本酒（熱燗）

練りものから出る
旨味で作る
超簡単、即席おでん

薄切りはピーラーを使うとかんたん

材料（2人分）

大根（薄切り）—— 100g
さつま揚げ—— 3枚
プチトマト—— 3～4個
基本だし—— 400mℓ
せりの葉——適量

作り方

1　大根は水から茹でる。

2　土鍋に基本だし、水を切った1の大根、食べやすい大きさに切って串に刺したさつま揚げを入れて火にかけ、沸いたらプチトマトを加え、1分煮る。火を止め、せりの葉をのせる（写真上）。

豚バラ肉＋水菜

ハリハリ鍋を豚肉に替えて作った鍋。意外と繊維があって茎が硬い水菜は、お鍋にすると柔らかくなり、豚の旨味と柑橘の酸味でたくさんいただけてしまいます。水菜はさっと炊いて、煮えばなをだしと一緒に味わいます。

相性よし◎焼酎ソーダ割

シンプルなのに
仕上がり抜群
豚のハリハリ鍋

油揚げで作っても
おいしい

材料（2人分）

豚バラスライス—— 100g
水菜—— 1/2 束
基本だし—— 400mℓ
すだち——適量

作り方

1 水菜は4㎝長さに切る。豚肉は食べやすい長さに切る。

2 土鍋に基本だしを沸かし、**1** の豚肉を入れる。豚肉に火がとおったら **1** の水菜を入れさっと煮る。汁ごと器にとり、すだちを搾る（写真上）。

合鴨＋白ねぎ

少なめの基本だしに味をつけた、甘辛味のだしで作る、鴨すき。鴨とねぎは相性がよく、せりを加えるといい香りが立ち、より贅沢な味に。鴨は炊きすぎると硬くなるので、さっと表面が白くなったら引き上げ、せりは最後に加えます。

相性よし◎赤ワイン（ピノ、軽いメルロー）

ねぎたっぷりが
おいしい
せりは
あとから入れる

材料（2人分）
合鴨ロース肉―― 150g
白ねぎ―― 1本
せり―― 1/2束
基本だし―― 150mℓ
A｜みりん・しょうゆ――各大さじ2

作り方

1 鴨肉は薄切り、白ねぎは斜め薄切り、せりはざく切りにする。
2 土鍋に基本だしと**A**の調味料を入れて沸かし、**1**の白ねぎを入れ、煮えたら**1**の鴨肉を加え、さっと煮る。鴨肉の色が変わったら**1**のせりを加える（写真左ページ）。

鍋あと▶焼き餅を入れて雑煮に

残っただしと鴨肉を温め（足りない場合は基本だしを足す）焼いた餅を入れ、柔らかくなったら残りのせりと白ねぎを加える（写真左）。

【メモ】鍋あとの餅は溶けるので焼いて入れる。鍋に残った鴨肉を使う場合は、硬くなるのでいったん取り出し、餅が柔らかくなったら戻す。おそばを入れて、鴨南そばにしても。

濃いめ、甘めのだしで
さっと炊くのがポイント

えんどう豆の風味と食感、
お揚げさんのコクが一体に

油揚げ＋豆苗

京都のおかずに欠かせないお揚げさん。ねぎや水菜が定番の組み合わせですが、えんどう豆の独特の風味がある豆苗とも好相性。油揚げは、しっかり味をつけたい時は油抜きをしますが、普段はこのコクを活かすので油抜きはしません。

相性よし◎日本酒（冷酒）、梅酒ハイボール

油抜きしなくて
OK

材料（2人分）

油揚げ―― 1/2 枚（100g）
豆苗―― 1 袋
基本だし――適量
（写真は 200㎖を使用）

作り方

1 油揚げは５㎝幅の短冊切りにする。豆苗は根を切り落とす。
2 土鍋に基本だしを沸かし、**1** の油揚げを入れて２分ほど炊き、**1** の豆苗を加える（写真上）。

湯葉と基本だしは
好相性。
温めると
ぐんと柔らかに

引き上げ湯葉＋せり

酒呑み好みの酒肴は、簡単、時短、シンプルが基本。そのままお刺身にしても食べられる湯葉は、だしの中にくぐらせるだけで柔らかくなります。残った湯葉は卵とじにしたり、うどんを加えて、〆にしても。

相性よし◎日本酒（大吟醸の冷酒）

なければ
三つ葉でも

材料（2人分）

引き上げ湯葉——100g
せり——1/4束
基本だし——適量
（写真は150㎖を使用）
実山椒※——適量
※実山椒は初夏に手に入れ、茹でて冷凍したもの。
市販の瓶詰め、あるいは粉山椒でもよい。

作り方

土鍋に基本だしを沸かし、食べやすい大きさに切った湯葉、実山椒、せりを入れてさっと煮る（写真上）。

牛肉＋豆腐

そのままでもおいしく、加工してもおいしい豆腐。味がしっかりついた肉豆腐もお酒の肴になりますが、土鍋で作る時は、だしが多めの肉吸い風に。豆腐は大きくすくって炊くと、味がしみやすく、見ためもおいしそう。

相性よし◎ビール（地ビール）

おつゆと味わう肉豆腐。豆腐は大きめがおいしそう

なければ
白ねぎや玉ねぎで
大きめが
おいしそう
こま切れで
十分

材料（2人分）

牛こま切れ肉—— 100g
絹ごし豆腐—— 1/2 丁
基本だし—— 400mℓ
青ねぎ（斜め切り）—— 2 本
糸とうがらし——適量

作り方

1 土鍋に基本だしを沸かし、食べやすい大きさに切った牛こま切れ肉を入れ、沸いたらアクを取る。

2 豆腐を大きめのスプーンですくって加え、2分ほど煮る。青ねぎを加え、煮えたら糸とうがらしをのせる（写真右ページ）。

鍋あと▶肉うどんに

残っただしと具材を温め、細めのうどんを加えて煮立て、薄口しょうゆで味を調える。小口切りの細ねぎと一味とうがらしをのせる（写真上）。

【メモ】たっぷりのだしを活かし、鍋あとはうどんやご飯を入れてぞうすいに。細めのうどんが食べやすく、きしめんで作っても。柑橘を搾って、さっぱり味にしても美味。

海鮮＋大根

パックで売られている刺身の盛り合わせは、下処理済みなので、時間がない時、少し食べたい時にとても便利。お造りをつまんだあと、しゃぶしゃぶにしても。水溶き片栗粉でだしにとろみをつけておくと、魚に味がよく絡み、冷めにくく、ゆっくりいただけます。

相性よし◎日本酒（吟醸酒）、焼酎（麦ロック）

準備いらずの
刺身パックが
便利
ケンやツマも
使う

材料（2人分）

お好みの刺身—— 150g（鯛・かんぱち・いか）
基本だし—— 200mℓ
大根のケン・ツマ——適量
水溶き片栗粉
　片栗粉——小さじ1
　水——小さじ2

作り方

1 土鍋に基本だしを沸かし、水溶き片栗粉でとろみをつける。好みの刺身をさっとくぐらせる（写真左ページ）。
2 大根のケンもやツマもさっと煮る。

【メモ】ぞうすいはさらっとしたのが好みならご飯を洗い、ねちっとしたのが好みならご飯はそのままに。卵黄だけにするとコクがしっかり感じられる。もちろん全卵でも。

鍋あと▶卵ぞうすいに

残っただしにご飯を入れ、ひと煮立ちしたら卵黄をそっと入れ、火を止めて蓋をして蒸らす。卵が好みの煮え加減になったら、刻んだねぎをあしらう（写真下）。

刺身パックで作れば
少ない手順に。
造り、しゃぶしゃぶ、
ぞうすいまでひと鍋で

鍋essay —— 2

酒と料理の相性さがし

私は毎晩晩酌をする。

そんなにたくさんの量ではないけれど、夜に食事をするときにお酒がないのは考えられない。

毎日夕食のメニューを考えるとき、何呑みたいかなぁ、がまず始め。その日の天気や気温、風の感じ。あと、誰と食べるかによってお酒のイメージができて、それを頭の中に置きながら、食事の準備。

春の夕暮れはなんとなくまだ温かいお酒。これが桜鯛によう合う。鯛の薄造りに木の芽を叩いてまぶし、塩でいただく。鮮やかな紅い色が残った半透明の身に緑の木の芽が映えて、見るからに美味しそうで、また春がきたなぁ、と思う。でも、春の夜はまだほんのりと寒いから、唇に当てたときにぬくもりが優しく伝わる柔らかな燗がいい。

夏はやはり泡がいい。ラガーもいいけど、クリーンな味わいのペールエールも食事にいい。スパークリングや冷やした白ワインも捨て難く、暑い日はワイングラスに氷を入れて呑んでみたり。お酒は自由に呑んでよし。それが私のモットー。そんなときは同じ鯛でも粉をつけてカリッと夏野菜と一緒にソテーしたものがいいかな。こしょうや唐辛子、柑橘の酸味やハーブで変化をつけながらお酒との相性を探っていくのもまた楽しみ。

秋はやっぱり日本酒。ひやおろしのなめらかさを味わいながら、新そばを味わいたい。わさびは多めで。最後は濃厚な蕎麦湯でまた一杯。すすむすすむ。

冬は熱燗。実はとびきり燗が好き。とびきり熱燗にするとお酒がすっきり辛口になる。いいお酒はもったいないから本醸造の安いので十分。あと焼酎お湯割りもいい。体が芯から温まる。お鍋を前に摘めそうなものをつまみつつ、煮えがたつのを呑みながら待つ。ちびりちびり。

はじめはコレで呑もうとスタートしたはずが、「あれ？こっちの方が合いそう」。そう思うともう冷蔵庫や戸棚をあちこち開けていろいろのものでマリアージュ合戦。お酒と料理って面白い。引き立て合いもするし、そうでないときだって多々ある。想いもかけぬ出会いを発見したときの喜びが、明日への大きな活力になるのだ。

第四章
だしがなくても旨味たっぷり鍋

旨味のある素材は、だしより水で炊くほうが旨味が引き出され、深い味わいになる。水炊き、豚キムチ、つみれやつくねなどの定番鍋がかんたんにワンランク上のおいしさに。

鶏の水炊き

野菜と鶏の旨味が
混然一体に

名前のとおり、鶏を水で炊くだけ。少ない水で炊き始めたら、野菜からも鶏からも旨味が出、それが混然一体となって味が完成します。鶏は骨があると食べづらい上、思うほどだしは出ません。しっかりだしを出そうと思うと、骨付き肉は長時間炊かなくてはいけません。

相性よし◎シャンパン

骨なし鶏で
時短調理

材料（2人分）
鶏もも肉――１枚（300g）
白菜――２～３枚
えのき――1/2 株
白ねぎ――１本
ポン酢――適量（50 ページ参照）
大根おろし・刻みねぎ・生七味
――各少々

作り方

1 鶏肉はひと口大のそぎ切りにする。白菜は４cm幅に切る。えのきは石づきを取り、ほぐす。白ねぎは斜めに切る。

2 土鍋に**1**の材料と材料の半分程度がひたる水（材料外）を入れ、火にかける。沸いたらアクをとり、材料に火をとおす。ポン酢に大根おろし、刻みねぎ、生七味を添える（写真右ページ）。

【メモ】ちょっとした箸休めと煮えるまでのひとときのための一品。こんにゃくの炊いたんは、京都の昔からのおばんざい。3、4日は冷蔵庫で日持ちするので常備すると便利。

箸休めにもう１品

こんにゃくの炊いたん

作り方

1 糸こんにゃく 200g は茹でて食べやすい長さに切る。たらこ 1/4 腹（50g）は薄皮を取る。

2 鍋にごま油大さじ１を熱し、水気をよく切った**1**の糸こんにゃくを入れて炒りつける。

3 水気がなくなったら酒大さじ１と薄口しょうゆ小さじ２、**1**のたらこ、実山椒（下処理したもの）大さじ１を加え、たらこが白くなるまでほぐしながら炒める。

はまぐり＋レタス

はまぐりは上品なだしが出る魚介の代表格。ただし加熱すると硬くなるので煮えすぎに注意！ 口が開いたら、すぐに取り出します。ここではレタスとはまぐりを一緒にしていますが、はまぐりを先に食べ、その後、残っただしでレタスしゃぶしゃぶにしても。好みの流れで味わってください。

相性よし◎白ワイン（シャブリ）

はまぐりを味わったあと、
レタスしゃぶしゃぶに
してもよい

材料（2人分）

はまぐり（大）――5～6個（400～500g）
水――300㎖
レタス――1/2個（350g）

作り方

1 レタスは縦4等分に切る。
2 土鍋に水とはまぐりを入れて火にかける。はまぐりの口が開いたら、**1**のレタスを加える（写真左ページ）。汁と一緒に取り分ける。

箸休めにもう1品

ブロッコリーのクリーム煮

作り方

ブロッコリー1/2株を小房に切り分けて茹で、生クリーム大さじ2と一緒に小さめのフライパンに入れて火にかけ、混ぜながら炒める。ブロッコリーにクリームがなじんだら、塩ひとつまみとこしょう少々で味を調え、スライスアーモンドを飾る。

【メモ】はまぐりのだしとクリーム系は好相性。鍋の野菜がレタスだけなので、箸休めは緑黄色野菜のブロッコリーの一品に。緑黄色野菜、淡色野菜、根菜をバランスよく組み合わせたい。

貝殻ごと水に入れるだけで
贅沢な潮仕立てに

豚肉キムチを先に焼き、
好きな素材と煮込むだけ

豚+キムチ

体を温めてくれるキムチを使った韓国風鍋。ポイントは先に豚肉とキムチを炒めておくこと。炒めることで、豚肉は肉本来の味が流れにくくなり、コクと香ばしさが生まれ、キムチは酸味が程よく緩和されます。いろいろな素材が混ざったほうがおいしく、好みで豆腐やあさりを足しても。

相性よし◎レモンチューハイ、マッコリ

材料（2人分）
豚こま切れ肉——100g
ごま油——小さじ１
キムチ——120g
しいたけ——２枚
白ねぎ——１本
にら——３本
みそ——20～30g（水の10%くらいの重量）

作り方

1. しいたけは石づきをとって半分に切る。白ねぎは斜め1cm幅、にらは4cm長さに切る。
2. 土鍋にごま油と豚肉を入れて火にかけ、炒める。豚肉に火がとおったらキムチを加えてさっと炒め、水（材料外）をひたひたになるまで注ぎ入れる。
3. **1**の食材を加え、しばらく炊く。白ねぎがしんなりとしたら、みそを溶き入れる（写真右ページ）。

箸休めにもう１品

ゆりねマリネ

作り方
ゆりね80gは１枚ずつ剥いて熱湯で茹で、ザルにあげて水気を切る。あたたかいうちに、玉ねぎドレッシング（おろし玉ねぎ大さじ1/2、米酢・サラダ油・みりん各大さじ1、塩小さじ1/2を混ぜ合わせる）で和える。

【メモ】鍋の素材と重ならない、根菜のゆりねを副菜に。味も鍋と違った酸味を効かせた味つけに。あたたかいうちにドレッシングをかけると味がよくしみ、ほかの根菜で作ってもよい。

桜えび＋豆腐

桜えびがあれば、だしがなくてもおいしい「だし豆腐」が作れます。冷蔵庫の片隅に残ってしまっている桜えびを使い、ポイントはカリッと炒ること。生臭みが取れてコクが生まれ、お湯だけで作ったとは思えないおいしさです。実山椒がなければ、粉山椒でかまいません。

相性よし◎日本酒（冷酒）

炒った桜えびが
だしの素

材料（2人分）

桜えび――5g
ごま油（白）――小さじ1
絹ごし豆腐――1/2丁（200g）
湯――150㎖
実山椒（下処理したもの）――小さじ1
塩――小さじ1/3
細ねぎ（小口切り）――適量

作り方

1 土鍋にごま油を入れて熱し、桜えびを炒る。
2 香りが立ったら、お湯を注ぎ、食べやすい大きさに切った豆腐と実山椒を加えて煮る。沸いたら、塩で味を調えて細ねぎをちらす（写真左ページ）。

箸休めにもう１品

牛肉しぐれ煮

作り方

フライパンに、しょうがの細切り5g、しょうゆ大さじ2、砂糖大さじ2、酒大さじ3を入れて火にかける。ひと煮立ちしたら牛こま切れ肉200gを入れ、汁気がなくなるまで時々混ぜながら炒める。しょうがのせん切りを飾る。

【メモ】あっさり味の鍋には、ちょっと濃い味の一品がおすすめ。素材は淡白な野菜よりも動物性の肉や魚がよく、鍋と対照的なしっかりした味つけに。

炒った桜えびを使うだけで
だし豆腐に

すき焼き二種

牛すき焼き

定番の牛すき焼きは、関西風の砂糖としょうゆの味つけにしました。砂糖としょうゆの分量は一対一。少し甘めのほうが、肉がおいしくなります。牛肉に味をつけ、野菜を加えてさらに軽く味つけ。肉は濃いめ、野菜は肉の旨味を絡めながらさっと火をとおします。

相性よし◎日本酒、赤ワイン

材料（2人分）

牛ロース肉——300g

A｜砂糖・しょうゆ——各大さじ1

玉ねぎ——1/2個

焼き豆腐——1/3丁（約130g）

ごぼう——1/2本（約30g）

春菊——2株

しいたけ——1枚

B｜砂糖・しょうゆ——各大さじ1/2

牛肉は甘め、
野菜は軽めの
味つけ

作り方

1 玉ねぎは横に1cm幅に切る。焼き豆腐は食べやすい大きさに切る。ごぼうはピーラーでささがきにし、水にさらして水気を切る。春菊は食べやすい長さに切る。しいたけは石づきをとって半分に切る。

2 鉄鍋に牛肉を入れて火にかけ、**A**を入れて炒りつける。牛肉に8割火がとおったら、**1**の野菜と豆腐を加え、野菜の上に**B**をまぶしかける。箸で時々混ぜながら、玉ねぎがしんなりするまで焼く（写真上）。

鶏すき焼き

京都では昔からよくいただく、鶏すき焼き。山育ちの私は、子供の頃からすき焼きといえば鶏すきでした。鶏の場合は、砂糖少なめで、しょうゆは薄口。牛肉とは異なる味つけで、牛すき焼きはこってり甘辛味、鶏すき焼きは汁気もあってやや塩っぽい味。どちらも肉と野菜それぞれに味をつけます。

相性よし◎日本酒、白ワイン

砂糖は少なめで
しょうゆは薄口

材料（2人分）

鶏もも肉――1枚（300g）

A
- 薄口しょうゆ――大さじ1
- 砂糖――大さじ1/2

すき焼き麩――10g

糸こんにゃく（白たき）――100g

エリンギ――2本

青ねぎ――1本

B
- 薄口しょうゆ・砂糖――各大さじ1/2

黄ゆずの皮――適量

作り方

1 すき焼き麩は水で戻して、水気を絞る。糸こんにゃくは茹でて食べやすい長さに切る。エリンギは食べやすい大きさに切る。青ねぎは斜め細切りにする。

2 鉄鍋にひと口大のそぎ切りにした鶏肉を**A**の調味料とともに入れて火にかけ、表面を軽く焼きつける。

3 エリンギ、糸こんにゃくを加え、**B**の調味料を回し入れて鶏に火をとおす。水分が出てきたら絞った麩、青ねぎを加え、麩がふっくら煮えたら火を止める。松葉に切った黄ゆずの皮を添える（写真上）。

あじのつみれ鍋

みんなが大好きなつみれ。あじの旨味がしっかり出るので水だけでおいしく、さばやとびうおで作っても。つみれは、たたきとなめらかなペーストの中間くらいの少し身が残る状態が目安。だしが残ったら、ぞうすいやにゅうめんなどにし、〆までしっかり楽しんでください。

相性よし◎ビール、白ワイン（ソーヴィニヨンブラン）

青背の魚で作り
残っただしは、〆に活用

材料（2人分）

あじ（大）——半身（200g）

A
- みそ——大さじ1
- しょうが（粗く刻む）—— 10g
- 青ねぎ（粗く刻む）—— 1/2本
- 片栗粉——大さじ1

水—— 500㎖

薄口しょうゆ——大さじ1

青ねぎ（7㎜幅の斜め切り）——2本

すだち（薄切り）——2～3枚

作り方

1 あじは三枚におろして、頭の上から皮をはぐ。腹の部分は身がはがれやすいので、手で押さえながらゆっくりはぐ。中骨のあたりを指で確認しながら小骨を抜きとる (a)。尾は切り落とし、身は適当な大きさに切る (b)。

2 **1**のあじと**A**の材料をフードプロセッサーに入れ (c)、なめらかにする。

3 土鍋に水を入れて火にかけ、沸いたらスプーンですくって形を整えた**2**のつみれを入れる。つみれに火がとおったら、薄口しょうゆで調味し、青ねぎを加え、火を止め、すだちを浮かべる（写真右ページ）。

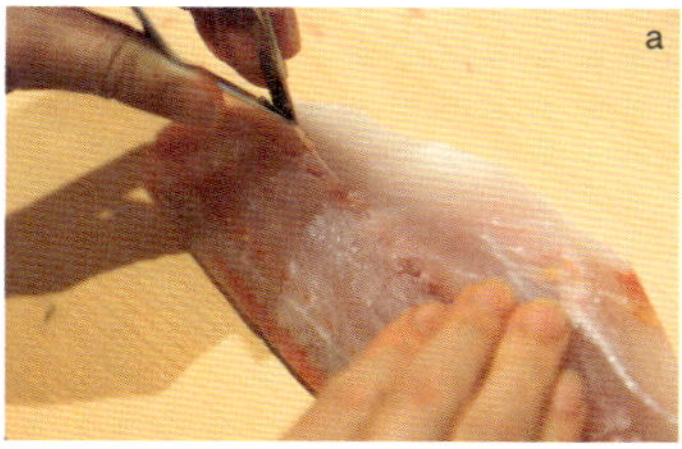

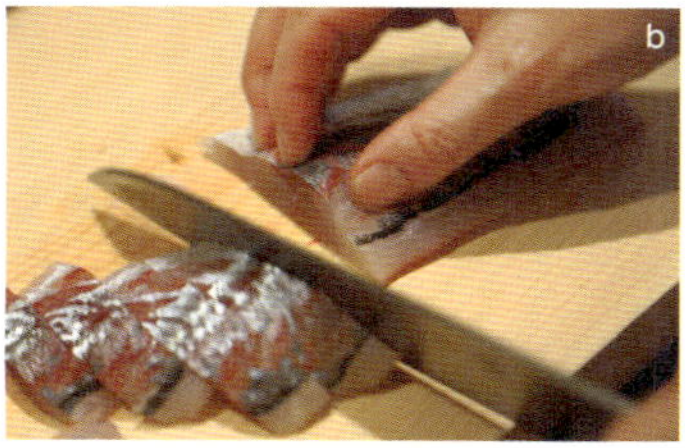

箸休めにもう１品

白菜昆布和え

作り方

白菜2枚を5㎜幅に切る。ポリ袋に白菜、細切りの塩昆布大さじ1、ごま油少々を入れてよく揉む。

【メモ】もう一品は白菜だけで作った箸休め。冬の白菜は生食でもおいしく、味つけは昆布だけ。昆布独特のヨード香は魚と合うので、魚系の鍋の箸休めにおすすめ。

オイルねぎま

生でも食べられるまぐろの柵《さく》を少しの油で鍋にしてみました。ちょっと火がとおったくらいがよく、生とは違ったおいしさがお酒を誘います。戻りがつおで作ってもよく、実山椒の代わりに青ねぎや粒こしょうでも。ちょっと香りがあるとよりおいしくなります。

相性よし◎ハイボール

実山椒の代わりに
青ねぎや
粒こしょうに
しても

材料（2人分）

まぐろの柵—— 50g
白ねぎ—— 1/2本
ごま油（白）—— 40mℓ
実山椒（下処理したもの）——小さじ1
からしじょうゆ——適量

作り方

1 まぐろの柵は3cm角に切る。白ねぎは5cm長さに切る。

2 小さい土鍋に**1**のまぐろと白ねぎ、実山椒を入れ、ごま油を加えて火にかける。まぐろの身が半分白くなったら火からおろす。からしじょうゆを添える（写真左ページ）。

箸休めにもう1品

かぶの梅和え

作り方

かぶ1個（100g）は皮を剥いてスライサーで薄切りにし、練り梅小さじ1～2で和える。

箸休めにもう1品

きゅうりの浅漬け

作り方

きゅうり1本は斜め薄切りにする。ポリ袋にだし100mℓ、薄口しょうゆ・砂糖・塩各小さじ1、米酢大さじ1.5を入れ、きゅうりを加える。全体をなじませ、冷蔵庫で一晩おく。

【メモ】 オイルを使った鍋なので、箸休めはさっぱりとした野菜二品に。野菜の浅漬けやマリネ、ピクルスなどは、料理を選ばず、食卓を華やかにしてくれるので常備しておくと何かと便利。

少量の油なら土鍋も平気。
表面が白くなったら食べ頃

酒肴にもおかずにもなる
家族で楽しめる鶏つくね鍋

鶏つくね＋チンゲン菜

つくねはだしがなくてもおいしくなる具の代表格。味を変えたければ、ポン酢をつけ、鍋にオイスターソースを加えて中華風にしても。ひと鍋で二変化、三変化の味が楽しめます。

相性よし◎ビール

れんこんの食感がアクセントに

材料（2人分）

A
- 鶏ももひき肉——200g
- 玉ねぎ・れんこん（粗みじん切り）——各50g
- 片栗粉——大さじ1
- ごま油——小さじ1
- 塩——小さじ1/4

水——400mℓ
薄口しょうゆ——大さじ1
チンゲン菜——1株（200g）
一味とうがらし——適量

作り方

1 鶏つくねを作る。**A**の材料をボウルに入れてよく練る。

2 チンゲン菜は茎と葉の部分を切り分け、茎の部分は6等分のくし切りにする。

3 土鍋に水と**2**のチンゲン菜の茎の部分を入れて火にかけ、沸いたら**1**のつくねをスプーンで形を整えながら加える。再び煮立ってつくねに火がとおったら、薄口しょうゆで味を調え、**2**のチンゲン菜の葉の部分を加える。仕上げに一味とうがらしをふる（写真上）。

鶏手羽先＋玉ねぎ

コラーゲン質を食べたいので鶏はそのまま使っていますが、焼いてもおいしくなります。鶏スープにはしょうがと玉ねぎは必ず入れてください。木の芽の代わりにねぎや実山椒を薬味にしても。

相性よし◎白ワイン（軽いシャルドネ）

コラーゲンたっぷりのだし
決め手は玉ねぎとしょうが

玉ねぎで
鶏の臭みを
取る

材料（2人分）

鶏手羽先——４本（260g）
玉ねぎ——１個（200g）
しょうが（薄切り）——５g
水——300～500mℓ
薄口しょうゆ——大さじ１～２
木の芽——適量

作り方

1 土鍋に鶏肉、８等分のくし切りにした玉ねぎ、しょうがを入れ、ひたひたになるまで水を注ぎ、火にかける。

2 沸いたらアクを取り、15分ほどコトコト煮て、薄口しょうゆで味を調える。仕上げに木の芽を飾る（写真上）。

鍋essay ③

「土鍋は万能」

土鍋はいい。

まずその姿がいい。

単体で置いておいても存在感があり、ごちそう感があり、鍋ごとなのにテーブルの上にそのまま置いても豊かな感じがする。

お皿なら「え。これだけ？」ってなりそうなものも、土鍋に入れるとごちそうに見えるから不思議だ。

普段はキッチンの片隅に追いやられ、冬のそれも特別な時にしか出番がなく、必要だけど使わない時は場所をとる厄介者。そんな風になりがちだが、実は普通のお鍋同様、ガンガン使って問題ない。それどころか、土鍋ひとつでなんとも豊かな時間が生まれる。

前菜からメイン、〆、デザートに至るまで、様々な表情を見せてくれるのだ。

今日ご飯を炊いた鍋で明日は煮込みを作り、次の日は肉を焼く。

野菜を蒸して、おつまみを作り、炒め物も出来上がったら、そのまま出してもなんら臆することはない。鍋料理であれば、煮ながら食べる贅沢な時間、料理をする楽しさを皆で共有することもできる。堂々として、使い込まれるごとに自分らしく馴染んでくるさまがまたなんとも良い。

熱に耐え、酷使され、趣深い表情をたたえた鍋はまるで自分の料理哲学を語っているかのような存在感だ。だからこそ、しまい込まずに普段からテーブルにフルーツを盛ってみたり、少し水を張って花を浮かべてみたりと工夫を重ねて手元に置きたい。

今回、信楽の作家さんにお願いして、私のわがままをお伝えし、鍋を作っていただいた。蓋の収まり、取手の形、内側の櫛引の筋。普段はお鉢としても使えるようなデザイン。そしてやっぱり一人か二人でちょこっと食べられるサイズ感。出来上がってきたのが嬉しくて嬉しくて。実際毎日使っている。夏でも冬でも。

気に入った土鍋ひとつでこれだけ豊かな時間が生まれることを私は今、実感している。

第五章
乾きもの・フルーツを温めて

お酒のおつまみに欠かせない乾きものも土鍋で加熱するだけで、今だかつてない酒肴に。するめも、ナッツも、ドライフルーツも。定番が新味となるひと技をご紹介。

大豆・いりこ

相性よし◎ラフロイグソーダ、ビール

水煮で作ったとは思えぬおいしさ

材料（2人分）

A
- 大豆（水煮）——50g
- トリュフ塩——小さじ1/2
- いりこ——ひとつかみ

一味とうがらし——少々

作り方

スキレットにAの材料を入れて火にかけ、炒りつける。全体がカラッとしたら、一味とうがらしをふる。

銀杏

相性よし◎日本酒、ビール、シャンパン

鉄鍋で炒ってそのまま食卓に

材料（2人分）

銀杏——110g
塩——大さじ1

作り方

銀杏は殻を剥いてサッと水で洗い、鉄製スキレットに塩と一緒に入れ、銀杏に火がとおるまで炒りつける。

みりん干し

相性よし◎日本酒（純米酒）

冷めても硬くならず
甘さ控えめに

材料（2人分）

豆あじのみりん干し
—— 4～6匹（30～40g）
小麦粉 —— 適量
ごま油 —— 小さじ1
ポン酢 —— 小さじ1
すだち —— 1/4個分

作り方

みりん干しに小麦粉を薄くまぶしつけ、ごま油を熱したスキレットに入れてサッと焼きつける。仕上げにポン酢を回し入れて火を止め、すだちを添える。
※白ごまはみりん干しのものです。

桜えび・海苔・ごま

相性よし◎焼酎ソーダ

炒って香ばしく
ごま風味が新鮮

材料（2人分）

桜えび —— 大さじ2
A しょうゆ・みりん —— 各大さじ1
A 水 —— 大さじ2
A おろしにんにく —— 少々
いりごま（白）—— 大さじ1/2
ごま油 —— 少々
焼き海苔 —— 1枚
細ねぎ（小口切り）—— 少々

作り方

土鍋にAの調味料を入れて火にかけ、沸いたら、桜えび、いりごま、ごま油を入れる。再び沸いたら、焼き海苔をちぎりながら加え、汁気を飛ばすように箸で混ぜながら炒める。仕上げに細ねぎをちらす。

ちりめん山椒

相性よし◎日本酒（冷酒）

カリッとしたじゃこは
日本酒にぴったり

材料（2人分）

ちりめん山椒 ――― 30g
ラー油 ――― 少々
ごま油 ――― 小さじ2
木の芽 ――― 1パック（1～2g）

作り方

土鍋にちりめん山椒とラー油、ごま油を入れて火にかける。軽く混ぜながらちりめんじゃこが少しカリッとしたら、木の芽を飾る。

燻製さきいか

相性よし◎バーボンハイボール、ビール

定番のいかマヨが
深い味わいに

材料（2人分）

燻製さきいか ――― 30g
マヨネーズ ――― 大さじ1
花山椒の佃煮 ――― 少々
　※他の佃煮でも代用可
実山椒（下処理したもの）――― 少々

作り方

土鍋に細く裂いた燻製さきいか、マヨネーズ、花山椒の佃煮、実山椒を入れて火にかけ、チリチリとマヨネーズが溶けて全体に絡むまで炒める。

くるみ・アーモンド

相性よし◎ウイスキー（ロック）

バターと砂糖の力で
いつもと違うおつまみに

材料（2人分）

くるみ・アーモンド（有塩のおつまみ用）
　――各30g
バター――10g
きび砂糖――大さじ1
シナモンシュガー――少々
タイム――適量

作り方

スキレットにバターを入れて火にかけ、くるみとアーモンド、砂糖を加えて炒める。仕上げにシナモンシュガーをふり、タイムを飾る。
※ナッツが生の場合は先に炒って、あとからバター、砂糖を加える。無塩の場合は炒る時にさらに塩をひとつまみ入れる。

焼きみそ

相性よし◎ブランデーハイボール

土鍋の蓄熱力で
香ばしさアップ

材料（2人分）

みそ――30g
みりん――小さじ1
いりごま（白）――少々
刻み青ねぎ――少々

作り方

すべての材料をよく混ぜ合わせ、土鍋の内側に塗りつけ、土鍋をひっくり返して直火で焼く。こんがりと焼き目をつける。

ドライフルーツ×赤ワイン

材料（2人分）

ドライフルーツいろいろ
- プルーン —— 2～3個
- イチジク —— 2～3個
- クランベリー —— 10粒

クローブ —— 5粒
粒こしょう —— 5粒
レモン（皮を剥いてスライス）—— 2枚
赤ワイン —— 100㎖
オレンジジュース —— 50㎖

作り方

土鍋にすべての材料を入れて火にかける。沸いたら火を弱め、ゆらゆらとフルーツが柔らかくなるまで10分ほど煮る。※保存容器に入れて冷蔵庫で1週間は保存可

りんごティー×スコッチウイスキー

材料（2人分）

りんごの皮 —— 1個分
（あれば紅玉、なければふじで）
水 —— 300㎖
紅茶（好みのティーバッグ）—— 1個
砂糖 —— 適量
スコッチウイスキー —— 少々

作り方

土鍋に水、りんごの皮を入れて弱火にかけ、沸いたら火を止め、ティーバッグを加える。好みの濃さになったら砂糖を少し入れ、スコッチウイスキーをたらす。

ドライフルーツ×紹興酒

材料（2人分）

A
- ナツメ —— 3個
- パイン —— 2枚
- クコの実 —— 少々
- 紹興酒 —— 大さじ1
- 水 —— 大さじ3～4

菊の花 —— 少々

作り方

鉄製スキレットに**A**の材料を入れ、蓋をして弱火にかける。材料が少ししんなりしたら、仕上げに菊の花をちらす。

赤ワインで煮る
フルーツのあて

お酒を誘う
大人のりんごティー

エキゾチックな
シノワ風おつまみ

いつもの鍋をランクアップ

あると便利な香味野菜・柑橘類・薬味

鍋のポイントは、油脂、香味、酸味の使い方。特に香味野菜の香りと柑橘の酸味はとても大切で、少しあるだけで季節感が生まれ、仕上がりのアクセントにもなります。また、あり物や少ない材料で作っても、ランクアップしてくれ、お酒を誘います。

　私は柑橘の酸味が好きなので柚子やかぼす、レモンなどは欠かせません。春は木の芽や花山椒、夏はしょうがやしそ、梅干しも取り入れ、かぼすや青ゆずは果汁だけでなく皮もすりおろして使います。秋の魚介やきのこにも柑橘がよく合い、ゆずこしょうや生七味、山椒の実は肉系の鍋の引き立て役に。冬は体を温めてくれる、しょうがや赤とうがらし、ねぎ、柑橘は黄ゆずに替わります。洋風やエスニック風の鍋には、粒こしょうやケッパー、シャンツァイ、バジルなどのスパイスやハーブ。いずれも料理のアクセントになり、味に変化を生みます。

香味野菜
右から、シャンツァイ、しそ、タイム、バジル、イタリアンパセリ、香り糸ねぎ

柑橘類
すだち、ゆず、レモン、ライム（ほかに黄ゆず、かぼすなどもおすすめ）

薬味
右から時計回りに、ゆずこしょう、生七味、紅しょうが、わさび、一味、実山椒、粒こしょう、七味、粉山椒、おろししょうが、クコの実、からし（ほかにしょうが、梅干し、ケイパーなどもおすすめ）

鍋column ③ —— 土鍋選びのポイント

ふだんも おもてなしも 大活躍する土鍋

いわゆる鍋物だけでなく一人や二人ででも楽しめるオリジナル鍋と、使ってみてよかった土鍋の中から数点をご紹介します。

　土鍋は一度温まると冷めにくく、ふっくらと炊けて、蒸し物は素材の味を感じさせます。揚げ物以外であれば油を使った焼き物や炒め物もでき、表面はカリッと中はしっとり仕上がります。そして、調理道具だけでなく、器として食卓に置けるのも土鍋の魅力です。

　四点選びましたが、すべて揃えなくても大丈夫です。丈夫で扱いやすく、愛着を持てる鍋が一番。使ったあとは、土鍋が冷めてから洗い、よく乾燥させてから片づけます。

赤楽鍋
直径：（外径）約19cm（内径）約14cm
高さ：（蓋あり）約10cm（蓋なし）約5cm
高温に耐える耐熱性の高い鍋。
共の受け皿があるのも便利

片手鍋
直径：（外径）約13.5cm（内径）約13cm
高さ：（蓋なし）約7cm
持ち運びがしやすく、
洋風料理が映えるモダンなデザイン

麦わら手小鍋
直径：（外径）約14cm（内径）約10cm
高さ：（蓋あり）約11.5cm（蓋なし）約8cm
ほんの少しの材料で作る時や、
一人鍋に便利な小鍋

大原千鶴のオリジナル織部釉鍋
直径：（外径）約22cm（内径）約17cm
高さ：（蓋あり）約15cm（蓋なし）約8cm
陶芸家の中川睦さんの土鍋に私の要望をいろいろ入れ込んで、調理道具として使いやすく、食卓で映える、形のいいものにしていただきました。
取り扱い／トアロード リビングス ギャラリー
☎ 078-230-6684　www.livings.jp/

① 原料は耐火性、耐熱性の高い粘土
② 使い込んで味わいの増す織部の釉薬
③ 食材のすべてを包み込む丸みと安定感のある蓋
④ 持ちやすく、熱くなりにくい持ち手
⑤ 鍋の内側に筋を入れ、熱対流の効率アップ
⑥ 土鍋自体に水分や汚れがしみこまない全面釉薬
⑦ 器としても使える、お鉢のようなデザイン

Profile

大原千鶴　おおはら・ちづる

料理研究家。京都、花背の料理旅館「美山荘《みやまそう》」が生家。小さな頃から自然に親しみ料理の心得を学ぶ。現在は、京都市中に家族と暮らし、2男1女の母として子育てのかたわら、料理研究家として活動する。NHK「きょうの料理」、NHK BSプレミアム「あてなよる」レギュラー出演、同「京都人の密かな愉しみ」料理監修のほか、家庭料理の講習や講演など、幅広く活躍している。著書も多数あり、近著に『大原千鶴のささっとレシピ　具材のつくりおきで、絶品おかず』（高橋書店）、小社刊で『家族が好きな和のおかず』『旨し、うるわし、京都ぐらし』『大原千鶴の「新・豆腐百珍」』『大原千鶴のいつくしみ料理帖』がある。第3回京都和食文化賞受賞。

撮影　福森クニヒロ
取材・編集　西村晶子
ブックデザイン　椎名麻美
調理アシスタント　酒井智美
校正　株式会社円水社
編集部　川崎阿久里

大原千鶴の
酒肴になる「おとな鍋」

発行日　2017年11月1日　初版第1刷発行
　　　　2023年11月25日　第6刷発行

著者　大原千鶴
発行者　竹間勉
発行　株式会社世界文化ブックス
発行・発売　株式会社世界文化社
〒102-8195
東京都千代田区九段北4-2-29
電話　編集部03（3262）5129
　　　販売部03（3262）5115
印刷・製本　共同印刷株式会社

ISBN 978-4-418-17341-9